Thomas Goldmann

Das Pferd, das durch die Sterne galoppierte

Moderne Weisheit aus Deutschland

*Mit einem Nachwort
von Jürgen Manshardt*

Impressum

© tao.de in J.Kamphausen Mediengruppe GmbH, Bielefeld

2. - überarbeitete - Auflage 2017

Autor: Thomas Goldmann
Illustration S. 67: Thomas Goldmann
Abbildungen S. 86 + S. 98: © fotolia.de

Printed in Germany

Verlag: tao.de, Bielefeld · www.tao.de · eMail: info@tao.de

Bibliografische Information der Deutschen Nationalbibliothek:
Die Deutsche Nationalbibliothek verzeichnet diese Publikation
in der Deutschen Nationalbibliografie; detaillierte bibliografische
Daten sind im Internet über http://dnb.d-nb.de abrufbar.

ISBN Hardcover 978-3-96051-806-8
ISBN e-Book 978-3-96051-807-5

Das Werk, einschließlich seiner Teile, ist urheberrechtlich geschützt.
Jede Verwertung ist ohne Zustimmung des Verlages unzulässig. Dies gilt
insbesondere für die elektronische oder sonstige Vervielfältigung, Übersetzung,
Verbreitung und sonstige Veröffentlichungen.

Thomas Goldmann

Das Pferd, das durch die Sterne galoppierte

Moderne Weisheit aus Deutschland

Mit einem Nachwort von Jürgen Manshardt

Teil I · WIEDERGEBURT

1. Ohne Titel .... Seite 9
2. tot .... Seite 10
3. Die Leerheit .... Seite 11
4. Now .... Seite 12
5. Mahamudra .... Seite 13
6. Der Heide .... Seite 14
7. Mut .... Seite 15
8. Durchschaut .... Seite 16
9. Der Arzt .... Seite 17
10. Ohne Titel .... Seite 18
11. Blindheit .... Seite 19
12. Dankbarkeit .... Seite 20
13. Der goldene Brunnen .... Seite 21
14. Kalt .... Seite 22
15. Ultimatum .... Seite 23
16. Freigiebigkeit .... Seite 24
17. Mitgefühl .... Seite 25
18. Verknöchert .... Seite 26
19. Ohne Titel .... Seite 27
20. Vertane Zeit .... Seite 28
21. Crash .... Seite 29
22. Wahrheit .... Seite 30
23. In Sicherheit .... Seite 31
24. Bescheidenheit .... Seite 32
25. Befreiung .... Seite 33
26. Das Echo .... Seite 34
27. Jesus .... Seite 35
28. Verkannt .... Seite 36
29. Das eingekerkerte Herz .... Seite 37
30. Der Brunnen des Lebens .... Seite 38

31. Die Hölle unter uns .... Seite 39
32. Konsequent .... Seite 40
33. Weihnachten .... Seite 41
34. Zu zweit .... Seite 42
35. Freunde .... Seite 43
36. Das Paradies .... Seite 44

Teil II · DAS SCHWERT DER WEISHEIT
37. Schulzeit .... Seite 47
38. In Dir .... Seite 48
39. Ohne Titel .... Seite 49
40. Gastfreundschaft .... Seite 50
41. Mohammeds Warnung .... Seite 51
42. Todsünde .... Seite 52
43. Judaslohn .... Seite 53

Teil III · DIE ENTSCHEIDUNG
44. Die Entscheidung .... Seite 55
45. Das beste Programm .... Seite 56
46. Verirrt .... Seite 57
47. Für Atheisten .... Seite 58
48. Parzival .... Seite 59
49. Love .... Seite 60
50. Gott ist gerecht .... Seite 61
51. Mitleid .... Seite 62
52. Nur zu klein .... Seite 63
53. Inkognito .... Seite 64

Teil IV · DAS HERZ GOTTES
54. Das Herz Gottes .... Seite 67
55. Die Gemeinde .... Seite 68

Teil V · DIE RETTUNG
56. Ohne Titel .... Seite 71
57. Liebe .... Seite 72
58. Buddha .... Seite 73
59. Geheilt .... Seite 74
60. Die Freunde .... Seite 75
61. Samsara .... Seite 76

Teil VI · DER TEUFEL
62. Umkehr .... Seite 79
63. Unentschuldbar .... Seite 80
64. Wer bringt Hilfe? .... Seite 81
65. Die Hölle .... Seite 82
66. Falsche Wertvorstellungen .... Seite 83
67. Missbrauch .... Seite 84
68. Die Bedeutung des Lebens .... Seite 85

Teil VII · DIE LIEBE
69. Ich liebe Dich .... Seite 87
70. Spiegel .... Seite 88
71. Reinheit .... Seite 89

Teil VIII · DIE ERLEUCHTUNG
72. Ohne Titel .... Seite 91
73. Ohne Titel .... Seite 92

Teil IX · DER ABSCHLUSS
74. Ende .... Seite 95

Besondere Danksagung .... Seite 99
Nachwort von Jürgen Manshardt .... Seite 101

Für meine Freunde die Indianer
und alle Tibeter

Teil I
Wiedergeburt

1.

Sieh die Möwen im dunklen Winterhimmel!
Wie lange müssen sie kreisen für ein kleines Stückchen Brot.
Wann willst du endlich diese vielen Leben verlassen?

2. tot

Die Fernseher töten die Kreativität des Geistes.
Du, der du das Leben suchst – : Siehe, alles ist das Leben!
Mach die Augen auf und lebe !

OM VAJRASATTVA HUM
OM VAJRASATTVA HUM
OM VAJRASATTVA HUM

3. Die Leerheit

Genau genommen ist alles,
was zu sehen und wahrzunehmen ist,
absolut unsichtbar und frei von Eigenschaften.

Katzen hören am liebsten M A U S I K!

OM AH RA PA TSA NA DHI
OM AH RA PA TSA NA DHI
OM AH RA PA TSA NA DHI

4. Now

Entspanne in der Einzigartigkeit des Augenblicks.
Denke nicht an die Zukunft – sie kommt von ganz allein.

5. Mahamudra

Der sanft dahin gleitende Fluss der Musik trägt das Floß
des Gewahrseins zum ungeheuren Ozean des wahren Sinnes.
Die Flussufer mit ihren Sinnesobjekten sind nicht das Ziel
des Kapitäns – : nein, er will die Tochter des Ozeangottes
um ihre Hand bitten. Das Spiegelbild der Ewigkeit
ist Gottes Gesicht.

KARMAPA JENNO
KARMAPA JENNO
KARMAPA JENNO

6. Der Heide

Auch wenn du hunderttausend Pfeile
in den Himmel schießt, wird doch kein Gott getroffen
herabfallen. Das, was passieren kann, ist, dass ein Pfeil
herab fällt und dich großen Narren am Kopf trifft.

7. Mut

Wissen entsteht, wenn die Sehnsucht im Herzen
nach Gott oder Buddha größer wird als Angst und Schmerz.
Die Frucht des Wissens ist das grenzenlose Vertrauen
in den Schöpfer der Natur.

OM MANI PADME HUM
OM MANI PADME HUM
OM MANI PADME HUM

OM VAJRASATTVA HUM
OM VAJRASATTVA HUM
OM VAJRASATTVA HUM

8. Durchschaut

Frieden entsteht, wo die Samen des Vertrauens
aufgehen und Blüten und Früchte tragen;
suche einen Lehrer, der dir das Paradies auf Erden
in Dir zeigt: Äußere Dinge sind wie Schaum
auf dem Meer!

9. Der Arzt

Die Lehre des Buddha entfernt die Glassplitter
aus deinen nackten Fußsohlen und nimmt den Schlamm
der Anhaftung von deinen Augen.
Buddha will unser Herz groß und weit:
für Mensch, Tier und Pflanze.

TAYATHA OM BEKHADZE
BEKHADZE MAHA
BEKHADZE BEKHADZE
RANDZAYA SAMUGATE SÖHA

10.

Der Sieg über die große Schlechtigkeit von Kriegen und die gewissenlose Ausbeutung und Vernichtung der Natur ist die Aufgabe der Staaten. Aufklärung über die Natur des Geistes führt genau dorthin: Zu Mitgefühl, Friedfertigkeit und Barmherzigkeit.

OM AH HUM VAJRA GURU
PADMA SIDDHI HUM
OM MANI PADME HUM
OM AH HUM

11. Blindheit

Mensch der Arbeit:
Höre auf die Musik, die entsteht,
wenn der Schnee auf die Erde fällt ...

OM TARE TUTTARE TURE SÖHA
OM VAJRASATTVA HUM
OM AH RA PA TSA NA DHI

12. Dankbarkeit

Mitgefühl begießt einen trockenen Baum,
den es leiden sieht, ohne zu ahnen, dass die Früchte
desselben Baumes uns später einmal mit dem
unvergleichlichen Geschmack der Liebe
eines anderen Wesens beschenken werden.

TAYATHA OM GATE GATE
PARAGATE PARASAMGATE
BODHI SÖHA
OM MANI PADME HUM

13. Der goldene Brunnen

Die Liebe zum Buddha und seinen unzähligen Schülern ärgert den Teufel mehr als ein ganzer Ozean von Weihwasser.

OM MANI PADME HUM
OM MANI PADME HUM
OM MANI PADME HUM

14. Kalt

Die Liebe zu nur einem einzigen Tier ist viel mehr wert, als Milliarden von Bündeln von Geldscheinen zu haben, aber ohne Liebe zu sein.

15. Ultimatum

Sieh den Müllleuten zu, wie sie das, was du gestern noch begehrenswert fandest, heute in Staub und Asche fegen, – sieh den eigenen Körper, er wird genauso vergehen wie diese Dinge! Du sagst ich und selbst zu ihm, obwohl er doch kein ich und selbst besitzt.

OM AH RA PA TSA NA DHI
OM AH RA PA TSA NA DHI
OM AH RA PA TSA NA DHI

16. Freigiebigkeit

Sieh den Bettler an der Straße stehen!
Du gibst ihm nichts, weil dein Herz und Sinn
hart geworden sind, und doch kann es dir passieren,
dass du im nächsten Leben gerade an der gleichen
Stelle stehst und auch bettelst.

17. Mitgefühl

Siehe die Hähnchen auf dem Spieß aufgereiht, wie sie gebraten und gesotten werden. Gestern noch haben sie gegackert und gescharrt und nicht gedacht, dass ihnen etwas Schlimmes widerfahren könnte. Wie kannst du dich verhalten, leichtfertig und mit sinnlosen Dingen beschäftigt, wenn du weißt, dass Lebewesen so ein Schicksal treffen kann?

OM MANI PADME HUM
OM MANI PADME HUM
OM MANI PADME HUM

18. Verknöchert

Du findest es wichtig, zum Friseur zu gehen,
doch deine Verblendungen abzuschneiden und deine
Unwissenheit zu beenden, das interessiert dich nicht!
Und doch werden sie wachsen und wachsen bis du dich
nicht mehr bewegen kannst und dann wehe dir,
wenn dich der Tod anschaut …

19.

Siehe den Schmuckladen:
Kette an Kette, Ring an Ring;
eigentlich sieht alles gleich aus –
nur der Preis macht es unterschiedlich
und dein unterscheidendes Denken!
Wie kannst du dir nur einbilden,
dass das irgendeinen Wert
für das Leben und die Ewigkeit
haben könnte?

TAYATHA OM GATE GATE
PARAGATE PARASAMGATE
BODHI SÖHA
OM AH HUM
OM AH HUM
OM AH HUM
OM AH HUM

20. Vertane Zeit

Du ziehst einen Zaun um dein Haus
und machst sieben Schlösser an jede Tür.
Doch deinen wahren Feind, den Dieb,
der dein Leben und deine Zukunft stiehlt,
den siehst du nicht, den beachtest du nicht,
und vor dem hast du leider keine Furcht.

OM AH RA PA TSA NA DHI
OM AH RA PA TSA NA DHI
OM AH RA PA TSA NA DHI

Teil I · Wiedergeburt

21. Crash

Stolz fährst du in deinem glatten, neuen Auto umher;
viele Tausende hat es gekostet. Doch im Tode wirst du
aussteigen müssen, und dann überrollen dich die Folgen
deiner schlechten Taten wie eine Lawine, wenn du nicht
einen Schatz an Tugend angesammelt hast,
der dich schützen kann.

OM TARE TUTTARE TURE SÖHA
OM TARE TUTTARE TURE SÖHA
OM TARE TUTTARE TURE SÖHA

22. Wahrheit

Wenn du keinen starken Freund hast und geschwächt bist in der Zeit, wo es zu Ende geht mit dem Leben, dann wird dich sogar ein schwächerer Gegner überwältigen können, wie viel mehr der mächtige Herr des Todes.
Und doch, wenn du Buddha oder Gott zum Freund hast, dann hast du eine sichere Zuflucht, wie eine Höhle in den Bergen nicht von einer Flutwelle überspült werden kann, und dir wird der starke Freund aus der Misere heraus helfen.

OM VAJRASATTVA HUM
OM VAJRASATTVA HUM
OM VAJRASATTVA HUM

23. In Sicherheit

Dein Haar färbt sich langsam von blond zu grau,
und die rosigen Wangen bekommen schon Falten.
Überlasse es nicht dem Tod, ob er ein gutes oder schlechtes
Urteil über dich fällt! Mit guten Taten besänftigt
der Mensch den Tod.

OM TARE TUTTARE TURE   SÖHA
OM TARE TUTTARE TURE   SÖHA
OM TARE TUTTARE TURE   SÖHA

24. Bescheidenheit

Wenn alles ein Gleichnis für den Geist ist, so wird
der tugendhafte Geist wie ein Baum, der aus dem Erdreich
herauskommt, ganz sicher auch Früchte tragen.
Das kann sehr lange dauern, bleibe dennoch beharrlich
und warte auf die großen, goldenen Früchte.

OM AMARANI
ZEWÄNTEYE SÖHA
OM AMARANI
ZEWÄNTEYE SÖHA

25. Befreiung

Das Karma hat dich in diesem Leben in eine tiefe Grube geworfen. Es kommt nicht darauf an, sich darin gemütlich einzurichten, sondern alle Kraft anzustrengen, aus ihr herauszukommen und alle anderen mitzunehmen!

OM AH RA PA TSA NA DHI
OM AH HUM VAJRA GURU
PADMA SIDDHI HUM
OM VAJRASATTVA HUM

26. Das Echo

Wer ohne Erbarmen mit schwarzem Sinn
und steinhartem Herzen sich einen Sprengstoffgürtel
umbindet, um Andersgläubige zu vernichten, der spielt sich
zum Richter auf und wird schwerlich Gnade vor dem Gott
Mohammeds finden!

OM AH RA PA TSA NA DHI
OM AH RA PA TSA NA DHI
OM AH RA PA T SA NA DHI

27. Jesus

Nimm das Leid an, das dadurch entsteht,
das die dich ablehnen, die du doch lieben willst.
Freude entsteht, wenn du entdeckst, dass dein Herz
stärker ist als alle Teufel.

OM VAJRASATTVA HUM
OM VAJRASATTVA HUM
OM VAJRASATTVA HUM

28. Verkannt

Du suchst den Sinn der Welt? Ich sage ihn dir:
Die Welt ist ein Irrenhaus, und du bist entweder
in dieses Irrenhaus gekommen, um für die Patienten
da zu sein oder um selbst als Irrer unter Irren zu leben.

OM MUNI MUNI MAHA
MUNI MUNI JE SÖHA
OM AH HUM
OM MANI PADME HUM

29. Das eingekerkerte Herz

Das lila Licht hinter dem Fenster des Hochhauses –
erinnerst du dich an die Kindheit mit der Großmutter?
Wie sehr war alles dunkel und bedrohlich, und doch
gab es ein Licht, was unendlich magisch und geheimnisvoll
in unsere Seelen schimmerte …

OM AMARANI
ZEWÄNTEYE SÖHA
OM AMARANI
ZEWÄNTEYE SÖHA

30. Der Brunnen des Lebens

Höre Mensch, in dir, mitten in der Wüste,
gibt es einen Brunnen, schwer zu finden und ganz aus Gold!
Wer daraus trinkt, hat das ewige Leben gefunden.
Sind es nicht die Kern-Unterweisungen des Buddha?

OM VAJRASATTVA HUM
OM VAJRASATTVA HUM
OM VAJRASATTVA HUM

31. Die Hölle unter uns

Blicke auf das Leiden der Tiere!
Siehe, wie sie gegen die mörderische Zivilisation
der egoistischen Menschheit den kürzeren ziehen.
Beteilige dich nicht daran, sie zu quälen, sondern bete dafür,
dass sie von all ihren Qualen erlöst werden, und wie wir ein
natürliches Leben führen können. Die Tiere sind unsere
Verwandten – : Würde es dir gefallen, deinen Bruder oder
deine Schwester oder deine Kinder oder deine Eltern
zu essen und zu sagen: Ich lobe diesen Geschmack
und erfreue mich daran?

OM MANI PADME HUM
OM MANI PADME HUM
OM MANI PADME HUM

32. Konsequent

Buddhas Namen zu hören und nicht vorüberzugehen,
an Gott zu glauben und wahrhaft fromm zu leben,
sind das Ergebnis von unendlich vielen Taten für die Liebe.

33. Weihnachten

Sieh die roten und gelben Sterne, sieh die vielen tausend bunten Lichter zur Weihnachtszeit! Ist das nicht Christus Herz, und glüht es nicht für jedermann?

OM AH RA PA TSA NA DHI
OM AH RA PA TSA NA DHI
OM AH RA PA TSA NA DHI

34. Zu zweit

Die Liebe zwischen Mann und Frau ist das heiligste Mysterium! Doch nur so lange, wie sie nicht durch Reglementierung und Gewohnheit erstickt wird. Ist sie erst einmal gewöhnlich geworden, wird sie durch ihre Langeweile zum Liebling der Dämonen und verhindert die Spontanität des Lebens!

OM TARE TUTTARE
TURE SÖHA
OM TARE TUTTARE
TURE SÖHA

35. Freunde

Ist es nicht die Geisterwelt, die wir fürchten
und die verhindert, dass wir ernsthaft nach der Wahrheit
suchen? Indem wir uns den Tod wegwünschen,
werden wir zum Sklaven des Todes: Wäre es nicht an der
Zeit, mit den Geistern Frieden zu schließen
und ihnen unsere Freundschaft anzubieten?

OM AH HUM VAJRA GURU
PADMA SIDDHI HUM
OM AH HUM VAJRA GURU
PADMA SIDDHI HUM

36. Das Paradies

Die Bäckerin Karin steht frühmorgens
hinter dem Ladentisch. Ihr Herz sind die duftenden
Brötchen! Die Postfrau bringt den anderen Weihnachtspost
und lächelt mir zu. Wie viel Güte die Menschen besitzen,
wenn sie für andere da sind: Sie selbst ermessen es nicht!

OM AH RA PA TSA NA DHI
OM VAJRASATTVA HUM
OM MANI PADME HUM

Teil II
Das Schwert der Weisheit

Für Karmapa, Geshela, Situpa, Dzogchen Ponlop und Lama Kunga und Padmasambhava, Manjushri und Vajrasattva

37. Schulzeit

Trotze den Gewalttätigen, indem du dich tarnst
wie ein Rebhuhn; trotze der Infamie der Neider,
indem du ihnen schmeichelst und gut zuredest;
trotze der Kälte der Einsamkeit mit dem Gedanken an Gott!
Entschuldige den, der dich böse anblickt; vergib dem,
der dir ein böses Wort gibt. Der Teufel will, dass wir unsere
Herzen verschließen: Lass das nicht zu!!!

38. In Dir

Um den giftigen Drachen in dieser Welt zu überwinden,
mußt du zuerst einmal wissen, wo sich seine Höhle befindet.
Siehe, sie ist in deinem eigenen Geist, und der Drache
bist ja auch du! Richte das Schwert der Weisheit gegen deine
falschen Erwartungen, und reinige dich mit dem heiligen
Wasser der Buddhalehre, und der Drache des Bösen
wird in dir sterben.

KARMAPA JENNO
KARMAPA JENNO
KARMAPA JENNO

39.

Neid zerstöre mit Freigiebigkeit; Eitelkeit zerstöre,
indem du die Schönheit in allen Geschöpfen siehst;
Angst überwinde, indem du siehst, dass alles in der Natur
von Gott und den Buddhas gemacht ist; Sünde überwinde
mit dem Schwert der Weisheit. Siehe: Alle Sünde ist ein
Angelhaken, der dir nur Qualen bereitet.

OM AH RA PA TSA NA DHI
OM AH RA PA TSA NA DHI
OM AH RA PA TSA NA DHI

40. Gastfreundschaft

Du häufst glühende Kohlen über deinem Leib an, wenn Du dich dem Hass hingibst. Der Fremde, den du hasst, bist du selbst in einer anderen Gestalt! Einen wilden Elefanten zu reizen ist gefährlich, doch um wie viel gefährlicher ist es, die Gebote Gottes zu übertreten und ihn durch Mord und Totschlag herauszufordern!

OM AH HUM
OM AH HUM
OM AH HUM

OM VAJRASATTVA HUM
OM VAJRASATTVA HUM
OM VAJRASATTVA HUM

41. Mohammeds Warnung

Schweigend reitet Allah auf seinem schwarzen Pferd über den Nachthimmel der Wüste. Seine schwarzen Augen sehen unter jeden Stein. Wie könntest du deine Mordlust vor ihm verbergen, oh Verblendeter, der du glaubst, Mohammed habe den Mord an den Ungläubigen erlaubt?

OM VAJRASATTVA HUM
OM VAJRASATTVA HUM
OM VAJRASATTVA HUM

42. Todsünde

Frauen zu beschneiden mit rostigen Rasierklingen, sie zu
erniedrigen und zu vergewaltigen, all das ist Allah ein Gräuel.
Weißt du nicht, das den, der sich am unschuldigen Leben
vergeht, die Hölle erwartet? Was du ihnen antust, wird dir
Gott mit gleicher Münze heimzahlen – , nur, dass seine
Münzen viel schwerer sind als deine.

OM MANI PADME HUM
OM MANI PADME HUM
OM MANI PADME HUM

43. Judaslohn

Gott hat alle Wesen auf dieser Erde
zu seinem Wohlgefallen erschaffen, nur der Teufel, der große
Macht besitzt auf der Erde, hetzt sie gegeneinander auf
und versucht, sie mit Geld zu bestechen und auf seine Seite
zu ziehen. All diese roten und gelben, schwarzen und weißen
Menschen haben denselben Schöpfer, und der will auf vielen
Wegen von ihnen angebetet werden.

OM AH RA PA TSA NA DHI
OM AH HUM
OM AH HUM
OM AH HUM

TAYATHA OM GATE GATE
PARAGATE PARASAMGATE
BODHI SÖHA
OM VAJRASATTVA HUM

Teil III
Die Entscheidung

*Für alle Suchenden
und die, die das Kind in sich nie verraten haben.
Für den, der Jesus vom Kreuz genommen hat
und für Prajnaparamita*

44. Die Entscheidung

Wenn du noch keinen Glauben gefunden hast,
aber über höchste Fähigkeiten und ein sehr gutes Herz
verfügst, dann beschäftige dich mit der Lehre des Buddha.
Wenn du Glauben und ein verehrendes Herz hast,
aber dir die Techniken und Verpflichtungen des Buddhismus
als zu kompliziert erscheinen, dann wähle eine andere
friedliche Religion, die in der Lage ist, deinen Geist zu
zähmen – wie z.B. die, die Jesus, Allah, Shiva, Jahwe oder
das "Große Geheimnis" zum Gegenstand
der Anbetung macht.

45. Das beste Programm

Du brauchst eigentlich nur den sinnlosen Vergnügungen zu entsagen, denn Freude durch Liebe und Freundschaft bringt dich weiter, solange du daraus lernst. Verzichte auf alle Gifte, die den Geist eintrüben und sitze nicht stundenlang vor dem Fernseher, weil das Götzendienst ist. Entdecke das ultimative Live-Fernseh-Programm deines eigenen Geistes!

OM VAJRASATTVA HUM
OM VAJRASATTVA HUM
OM VAJRASATTVA HUM

46. Verirrt

Entdecke wie ein Detektiv die große Lüge,
die auf der Erde Einzug unter den Menschen gehalten hat.
Die Betrüger gelten am meisten, und Reichtum
an Geld zählt mehr als ein gutes Herz.
Die alten Wege zur Weisheit reichen nicht aus,
um den Menschen die Welt zu erklären, und so zweifeln
immer mehr an der Gerechtigkeit Gottes
und seiner Existenz. Eingeschüchtert vom Teufel
denkst du: Warum soll ich mich nicht auch bedienen
wie alle anderen, die ich sehe. Doch höre:
Entweder Gott lebt in dir jeden Augenblick,
oder du nimmst das Geld und küsst Jesus,
um ihn ans Kreuz zu bringen.

OM MANI PADME HUM
OM MANI PADME HUM
OM MANI PADME HUM

47. Für Atheisten

Wisse, dass die Buddhas dich beschützen,
wenn du zu ihnen betest – und dir Gott großen Schutz
bieten kann, wenn du deinen Sinn ganz auf ihn richtest.
Was du erleidest, ist Resultat deiner falschen Handlungen
in der Vergangenheit, doch werden sie gemildert und
abgeschwächt durch Reue, Bekenntnis und das Versprechen,
dich zu bessern. Wenn du selbst Vergebung suchst,
dann vergebe zuerst mal deinen Feinden!

OM AH RA PA TSA NA DHI   OM AH HUM
OM TARE TUTTARE TURE
SÖHA

48. Parzival

Wenn du den heiligen Gral suchst,
so glaube nicht, du fändest ihn in den äußeren Dingen!
Nein, er wohnt in deinem Herzen
und ist der Zauberer, der deine ganze Welt erschafft.
Gott bleibt denen verborgen, die nur sich selber sehen,
und den Gral wird nur der finden,
der ihn für die anderen sucht.
Ist der Gral nicht die Achtung und Liebe,
mit der sich alle im Reich begegnen,
egal ob arm oder reich, schwarz oder weiß,
Herr oder Knecht?

OM MANI PADME HUM
OM MANI PADME HUM
OM MANI PADME HUM

49. Love

Die Musik, die Mitgefühl kennt,
die Harmonie mit Schönheit,
Kraft und Geschmeidigkeit verbindet,
ist die geniale Waffe gegen die graue,
betonierte Wüste der Großstadt!
Gute Musik ist der größte Besitz der heutigen Zeit,
denn sie haucht dem Leblosen Leben ein
und ist der Guru, der zu uns spricht!
Spricht er nicht: "All You Need Is Love?! "

TAYATHA OM GATE GATE
PARAGATE PARASAMGATE
BODHI SÖHA
TAYATHA OM GATE GATE
PARAGATE PARASAMGATE
BODHI SÖHA

50. Gott ist gerecht

Allahs Hand liegt auf einem heiligen Berg,
und sein scharfäugiger Falke "Gewissheit im Zorn"
sitzt darauf. Er wartet noch, die Beute zu schlagen,
die da heißt: Hass, Mordgier und krankhafte Verblendung!
Wie wollt ihr Gottes Zorn entkommen,
die ihr mordet, brandschatzt und vergewaltigt?

OM VAJRASATTVA HUM
OM VAJRASATTVA HUM
OM VAJRASATTVA HUM

51. Mitleid

Schaudernd und beklommen gehst du vorbei
an dem armen Wesen, das in einem verwunschenen Körper,
der scheinbar nur noch wilde Gebärde und zuckender Schrei
ist, vor unseren Augen vorbei gefahren wird. Ein Dämon
scheint in ihm zu wohnen, und du fragst dich, warum das
Schicksal ihm und seinen Eltern so eine leidvolle Prüfung
schicken musste. Wie ist es zu so einem Unglück gekommen?
Du und ich, wir werden es nie ganz wissen und mit Furcht
über unsere Taten wachen und immer für die beten,
die ein schweres Schicksal zu tragen haben.

OM MANI PADME HUM
OM MANI PADME HUM
OM MANI PADME HUM

52. Nur zu klein!

Der Atheist ist noch lange nicht gottlos.
Solange er an das Gute glaubt und anderen hilft,
bewegt er sich auf Gott zu, egal was sein Mund sagt
und sein Kopf denkt. Es ist schwer, Gottes Existenz
zu begreifen, und man braucht dafür einen großen Schatz
an Glauben und Verdienst. Was radikal gesinnte Mörder
für Gott halten, ist in Wirklichkeit sein Feind! Das gute Herz
entscheidet über den Einzug ins Paradies!

OM TARE TUTTARE
TURE SÖHA
OM MUNI MUNI MAHA
MUNI MUNI JE SÖHA

OM MANI PADME HUM
OM AH HUM
OM AH HUM
OM AH HUM

53. Inkognito

Siehst du die alte Frau dort, wie sie sich mühsam die Straße entlang quält? Ihr Leid ist groß, und sie hat niemand, dem sie es klagen kann. Doch wisse, sie hat das ewige Himmelreich, denn als Jesus alle ablehnten, hat sie ihm zugelächelt.

OM AMARANI ZEWÄNTEYE
SÖHA
OM AMARANI ZEWÄNTEYE SÖHA

Teil IV
Das Herz Gottes

OM AMARANI
ZEWÄNTEYE SÖHA
OM MANI PADME HUM

Für meine Eltern
und für Avalokiteshvaras Herz
in ihnen

54. Das Herz Gottes

Wie Diamant-Augen in der Dunkelheit
strahlt der Geist der Bodhisattvas – :
unbegreifbare, unzerstörbare Herzenswärme ...

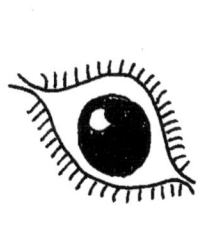
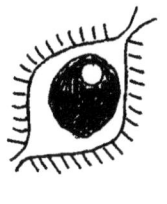

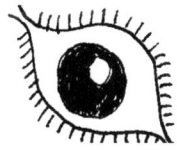

55. Die Gemeinde

All die Menschen, die die Lamas dem Teufel aus dem Rachen reißen, indem sie ihren Geist läutern und reinigen, all die Christen, die sich ein Leben in Frieden und Frömmigkeit wünschen und Jesus lieben, all die Moslems, die Allah anbeten und Frieden und Gerechtigkeit wünschen und gute Menschen sind, all die Hindus, die Shivas Gesetz befolgen, die Indianer Nordamerikas und all die anderen guten Menschen, die friedlich mit der Natur leben wollen – : Sollte diese Armada des Guten nicht ausreichen, die Erde vor der Vernichtung zu bewahren und die Verschwörung derer, die die Natur für Geld verraten, zu beenden?

OM AH RA PA TSA NA DHI
OM AH RA PA TSA NA DHI
OM AH RA PA TSA NA DHI
OM VAJRASATTVA HUM
OM VAJRASATTVA HUM
OM VAJRASATTVA HUM

Teil V
Die Rettung

*Für die, die in dunkelster Nacht an mich denkt
und deren Liebe alles überstrahlt – für Vajrayogini,
Prajnaparamita und Mutter Tara und Lotus*

56.

Die Liebe kann sogar durch Wände gehen. Habe keine Angst und gehe! Ich liege im Staub vor meinem unendlichsten Guru VAJRASATTVA, der uns alle befreien wird!

OM VAJRASATTVA HUM
OM VAJRASATTVA HUM
OM VAJRASATTVA HUM

57. Liebe

Gottes Geist ist vollkommen Mann und Frau.
Wie kann es eine Erde voller Frauen geben,
wenn Gott nur Mann wäre? Die Frauen werden durch den
unseligen Gedanken, dass Gott nur Mann ist, wie ein Abfall
und Nebenprodukt der Schöpfung behandelt!
Wo ist der Mann, der die Frauen liebt und nicht zulässt,
dass sie erniedrigt werden? Weil viele Männer zu brutal und
gemein dachten, hat Gott ihnen diese seine weibliche Seite
seiner Natur vorenthalten! Ich sage dir: die Frau ist genauso
göttlich und die weisere Hälfte des Mannes!

OM TARE TUTTARE TURE
SÖHA
OM TARE TUTTARE TURE
SÖHA
OM VAJRASATTVA HUM
OM VAJRASATTVA HUM

58. Buddha

Ich grüße das Licht dieser Welt,
den Karmapa Ogyen Trinley Dorje!
Ist er nicht der Held aller Helden?
Unverdorbenheit ist die Mutter aller Buddhas!
Ist der Vater nicht der, der ins Feuer geht,
um seine Kinder zu retten?

KARMAPA JENNO
KARMAPA JENNO
KARMAPA JENNO

59. Geheilt

Glückseligkeit entsteht, wenn du aus der Zwangsjacke des Egos heraus kommst und das saubere Gewand des gereinigten Geistes anlegst. Es ist geschmückt mit dem Goldschmuck des Mitgefühls und mit dem Wohlgeruch der Hingabe versehen. Für den Weg nimm dir als Schuhe das nie endende Bemühen, alle Lebewesen aus Samsara zu befreien!

OM AH RA PA TSA NA DHI
OM AH RA PA TSA NA DHI
OM AH RA PA TSA NA DHI

60. Die Freunde

War Bon Scott nicht der Hard Rock Orkan?
Waren Janis Joplin und Jimi Hendrix nicht Pfeile der Liebe
hinein in den höchsten Himmel?
War Bob Dylan nicht die mahnende Stimme des Vaters?
War Neil Young nicht der Tomahawk eines Indianer-Führers?

OM VAJRASATTVA HUM
OM VAJRASATTVA HUM
OM VAJRASATTVA HUM

61. Samsara

Sieh die Karpfen nach Luft schnappen im Kaufhaus!
Der Kescher liegt daneben, und bald schon werden sie
geschlachtet. Hast du denn gar kein Mitleid?
Das Leid wird nie enden, wenn du versuchst,
Gott zu hintergehen und nur Schlechtes tust!

OM AH HUM
OM AH HUM
OM AH HUM

Teil VI
Der Teufel

*Für den wahren Gott,
den Schöpfer der Natur!*

62. Umkehr

Sieh das herzzerreißende Leid in den Tierversuchslabors!
Die weißen Kittel und weißen Kacheln können nicht
eure schwarzen Herzen verbergen – : Welcher Unterschied
ist zum Satan, wenn ihr die Qual von Gottes Kreatur
seht und für das, was ihr Fortschritt nennt,
billigend in Kauf nehmt?
Wie auf Jesus am Kreuz schaut ihr auf die Tiere.
Wisst ihr nicht, was der Lohn dafür ist?

OM AH RA PA TSA NA DHI
OM AH RA PA TSA NA DHI
OM AH RA PA TSA NA DHI

63. Unentschuldbar

Ihr Herren der Kriege, die ihr Bomben baut,
die auf Mütter mit ihren Babys geworfen werden – :
Ist euer ganzes Geld nicht der Judaslohn für den Verrat
an der Liebe? Ist das Gute nicht der Kampf gegen die
Zerstörer der Natur und ihrer heiligen Ordnung?
Wer aber dem Teufel des Krieges die Hand gibt,
wird von ihm in die Hölle gerissen!

OM VAJRASATTVA HUM
OM VAJRASATTVA HUM
OM VAJRASATTVA HUM

64. Wer bringt Hilfe?

Seit ich das Mitleid über die Qual dieser Frauen
in deinen Augen sah, wusste ich, dass wir ein Schwert
schmieden mussten, um das Böse auf dieser Erde zu besiegen!

Siehe, jetzt ist es soweit.
Die Zeit, das Schwert der Weisheit zu gebrauchen,
ist jetzt gekommen!

OM TARE TUTTARE TURE
SÖHA
OM MANI PADME HUM
OM MANI PADME HUM

65. Die Hölle

All die zerhackten Tierkörper beim Fleischer – :
sieh sie dir an! Als sie noch lebten, hofften sie, dass man es
gut mit ihnen meint und sie von Leid verschont bleiben.
Doch gehalten wurden sie nur des Geldes wegen
und vielleicht unter grausamen Bedingungen.
Dann wurden sie ermordet, denn aus ihrer Sicht
war es Mord und nicht eine Gnade! Du aber stopfst dich
bedenkenlos mit Fleisch voll, und es kümmert dich nicht,
dass du an diesem Elend teil hast und es mit verursachst.

66. Falsche Wertvorstellungen

Sieh den Regenwurm sich winden am Angelhaken!
Sieh die allzugierigen Menschen anbeißen am Haken des
Teufels, der sie überreden will, seine Dinge sind der einzige
Wert auf der Welt. Weil an ihnen ein Preis daran steht,
glaubst du, sie hätten auch einen Wert, oh verblendeter
Menschenfisch!? Gott ist der große Künstler, der die Natur
erschafft, und du entscheidest in deinem eigenen Geist,
ob du ihn anbetest oder aber seine Kunst für wertlos hältst,
weil kein Preisschild daran klebt!

OM MUNI MUNI MAHA
MUNI MUNI YE SÖHA
OM AH HUM
OM AH HUM
OM AH HUM

67. Missbrauch

Euch, die ihr euch an Kindern vergeht, sage ich:
Kinder sind das Herz Gottes. In euren Herzen aber
ist Finsternis! Was ihr den Kindern antut und euch
daran erfreut, was andere, perverse Sadisten den unschuldigen
und schutzbedürftigen Kindern mit Vergewaltigung
und Perversion antun: das wird für unendlich lange Zeit
euer eigenes Schicksal werden, wenn ihr nicht
gegen den Satan in euch kämpft!

OM MANI PADME HUM
OM MANI PADME HUM
OM MANI PADME HUM

68. Die Bedeutung des Lebens

Gott und die Buddhas haben zusammen den Satan besiegt
und weil sie gütig sind, wollen sie das, was gut in den
Kindern des Bösen ist, auch noch vor der Hölle retten.
Strenge dich an, denn die Zeit, wo du dich bessern kannst,
geht schnell vorüber! Einmal für schlecht befunden,
wirst du durch ewig viele Wiedergeburten des Leidens
gehen und dich vielleicht bitter an die Zeit erinnern,
wo Besserung möglich war !

OM AH RA PA TSA NA DHI
OM AH RA PA TSA NA DHI
OM AH RA PA TSA NA DHI

Teil VII
Die Liebe

*Gewidmet den deutschen Frauen und Männern,
die an Liebe, Treue und an Freundschaft glauben ...
Für die Besten der Besten!*

69. Ich liebe dich

Ist die Ehe nicht das Versprechen, den anderen niemals
zu verraten? Ist sie nicht der Wegweiser zu den Sternen?
Und doch, wachsen kann Liebe nur durch gegenseitige
Freiheit. Warum betrachtest du den anderen als deinen
Besitz? Weil du nicht weißt, was dein wirklicher Besitz ist.
Der aber ist dein Geist! Der Ehering ist sicher ein Zeichen
der Liebe. Doch sind sich nicht auch viele Paare treu,
ohne einen Ring zu tragen?

OM TARE TUTTARE TURE
SÖHA
OM TARE TUTTARE TURE
SÖHA

OM VAJRASATTVA HUM
OM VAJRASATTVA HUM
OM VAJRASATTVA HUM

70. Spiegel

Schön sind alle Kinder Gottes! Mit Schönheit, Kraft
und Mut suchen sie nach Liebe und Freundschaft. Der Satan
hat kalte Spiegel in diese Welt gestellt, und wir sollen glauben,
dass das Bild in ihnen unser einzig wahres Selbst ist! Da doch
alles, was du wahrnimmst, dein eigener Geist ist, sind deshalb
in Wirklichkeit die anderen Menschen dein wahres Gesicht
und Spiegelbild! Wenn du sie liebst, liebst du Buddha und
Gott, und das wird dir in allen Leben, die noch kommen,
zu unvorstellbarem Glück verhelfen! Hast du aber ein
Gelübde aus freiem Entschluss für ein einsames Streben nach
der Erkenntnis Gottes oder Buddhas abgelegt – Gott und
Buddha werden dich nach deinem Tode mit unendlicher
Liebe dafür belohnen!

OM AH RA PA TSA NA DHI
OM AH RA PA TSA NA DHI
OM AH RA PA TSA NA DHI

71. Reinheit

Unverdorben und unschuldig ist die Liebe,
die von Gott kommt! Wir aber glauben, das Glück in toten
Dingen zu finden und vergiften uns mit dem Qualm
von Zigaretten und genauso giftigen Gedanken.
Kannst du mich hören in dieser dunklen Nacht, wo die
meisten glauben, Geld, Kleidung oder ein teures Auto seien
mehr wert, als unser eigenes Herz dem zu schenken,
der es unendlich liebt? Höre nicht auf die Stimmen der
Teufel, die sagen, Gott in dir sei wertlos
und bringe nur Schmerzen!

OM AH HUM
OM AH HUM
OM AH HUM

OM MANI PADME HUM
OM MANI PADME HUM
OM MANI PADME HUM

Teil VIII
Die Erleuchtung

*Für Guru Rinpoche
und Vajrasattva*

72.

Siehe den Regen aufs Meer fallen und die schwarzen Wolken ziehen – : dieses ungeheure Schauspiel ist allein in deinem Geist – niemand anderes als du kann es sehen. Sieh die Sonne der Liebe am Himmel stehen, wie sie das Eis des Egoismus in den Herzen der Menschen taut und die Ernte der Freude wachsen lässt in den Kindern der Erde! Siehe den Mond, wie er die Nacht erhellt für die Liebenden und die Tiere des Waldes. Siehe Buddhas Drachenkönig durch die Wolken gleiten – , wahrlich eine Verkörperung der Kraft und Liebe Gottes!

OM AH HUM VAJRA GURU
PADMA SIDDHI HUM
OM AH HUM VAJRA GURU
PADMA SIDDHI HUM

73.

Sammle Verdienste an und erforsche die Wege der Weisheit, denn wisse, Verdienst ist das Gold, mit dem du die Wächter der Weisheit bezahlen kannst, damit sie dir Zugang zum erlösenden Wissen von Mahamudra geben. Die Erleuchtung versteht das große Geheimnis, dass Gott die ganze Zeit in dir war, eins mit dir war, dich nicht hintergangen hat, als er dich in diese kalte, durch dein Karma erschaffene Welt warf – : Nein, er wollte mit dir alle Hindernisse des Teufels überwinden und für immer mit dir über diese Erde wachen. Dieses Leben ist die Prüfung, also strenge dich an!

OM VAJRASATTVA HUM
OM VAJRASATTVA HUM
OM VAJRASATTVA HUM

OM AH RA PA TSA NA DHI
OM AH RA PA TSA NA DHI
OM AH RA PA TSA NA DHI

Teil IX
Der Abschluss

74. Ende

Diese Worte schrieb ein Mensch mit Fehlern
und Schwächen, der durch jahrzehntelange Kämpfe und
Wandlungen ging. Aus seinen wenigen und bescheidenen
Kenntnissen heraus versuchte er das, was ihm in Visionen
und Offenbarungen durch die Buddhas mitgeteilt wurde,
anderen Menschen zugänglich zu machen.
Mögen dadurch Frieden und Harmonie
unter allen Menschen und anderen Lebewesen entstehen,
damit der Traum von der ERLEUCHTUNG aller
in ferner Zukunft wahr wird.

*Gewidmet der grünen Tara und allen Bodhisattvas,
geschrieben in Deutschland im Dezember 2014
für meinen Guru Vajrasattva*

TAYATHA GATE GATE
PARAGATE PARASAMGATE
BODHI SÖHA
OM TARE TUTTARE TURE
SÖHA

OM MANI PADME HUM
OM VAJRASATTVA HUM
OM AH RA PA TSA NA DHI
KARMAPA JENNO

OM AH HUM
OM AH HUM
OM AH HUM
OM AH HUM
OM AH HUM
OM AH HUM
OM AH HUM
OM AH HUM
OM AH HUM

OM VAJRASATTVA HUM
OM VAJRASATTVA HUM
OM VAJRASATTVA HUM
OM VAJRASATTVA HUM
OM VAJRASATTVA HUM
OM VAJRASATTVA HUM
OM VAJRASATTVA HUM

*Die Liebe kann sogar durch Wände gehen.
Habe keine Angst und gehe!*

TAYATHA GATE
GATE PARAGATE
PARASAMGATE
BODHI SÖHA

Besondere Danksagung

Besondere Danksagung

Hiermit möchte ich allen meinen Dank aussprechen, die durch ihre finanzielle Hilfe ermöglicht haben, dass dieses Buch gedruckt werden konnte.

Ganz herzlichen Dank meinem Vater, dem Gartenbauingenieur Jürgen und meiner Mutter, der Bibliothekarin Christa, dem Schornsteinfeger Frank und seiner gütigen Frau, der Kosmetikerin Doreen, dem evangelischen Pfarrer Gunther, dem Journalisten und langjährigen Buddhisten Christof, der Kinderkrankenschwester Madlen mit den schamanischen Wurzeln und Sohn Fiete.

Genauso herzlich danke ich Tierschützerin Brigitte, die wie ein Dalai Lama zu den Tieren ist, der Ärztin Doris, der Kunsthistorikerin Rosemary und dem Bestatter und Trauerbegleiter Jan.

Besonderen Dank dem Übersetzer und buddhistischen Lehrer Jürgen Manshardt für seine Freundlichkeit, das Nachwort zu schreiben.

Thomas Goldmann

Nachwort

Nachwort

In unserer Zeit, da die Menschheit sich ihrer vorwiegend selbst verursachten und immer massiveren Probleme sehr bewusst ist und eigentlich genügend Lösungsmöglichkeiten bereit stehen, ist es unverständlich und fahrlässig, sich in alten Fahrwassern weiter auf lokale wie globale Katastrophen zutreiben zu lassen. Anstatt sich gemeinschaftlich voller Weitsicht, Toleranz und gütigem Miteinander die Hände zu reichen, um die nötigen, schon längst erforderlichen Schritte voller Zuversicht einzuleiten, verharren wir in archaischen Mustern, die nicht nur unsere Gedanken, Emotionen und Handlungsmodi, sondern auch die gesellschaftlichen und wirtschaftlichen Strukturen weiterhin prägen.

Obwohl unsere eigenfabrizierten Probleme vielfältig erscheinen, sind sie – wie vom historischen Buddha schon vor mehr als 2600 Jahren klar erkannt – bei genauerer Betrachtung auf grundlegende geistige Fehlleistungen wie Unwissenheit, Gier und Hass zurückzuführen. So sind beispielsweise die Umweltprobleme wie *global warming* schlussendlich aus einer Gemengelage dieser so genannten Drei Geistesgifte hervorgegangen: aus Gier nach immer mehr materiellem Besitz; aus grober Unwissenheit (z.B. dem Glaube die Ressourcen der Erde seien unerschöpflich); und aus massiver Ablehnung der Natur („es gilt, die Welt sich untertan zu machen und das Animalische und Ungestüme in der Natur zu bekämpfen").

Man könnte nun meinen, dass die Impulse zur mutigen Umsetzung von Lösungen somit aus einem religiösen Umfeld zu erwarten seien. Aber leider lässt sich beobachten, wie unter dem Deckmantel einiger angestammter Religionen fundamentalistisch-radikale Strömungen weltweit zunehmen. Oft stacheln vermeintlich religiöse Motive zu menschenverachtenden und mittelalterlich anmutenden Taten an.

Es scheint, dass wir im Spannungsfeld zwischen alten Traditionen und Hypermoderne einen mittleren Weg einschlagen müssen, der tiefe Betroffenheit und Sorge um die Welt mit einer gleichzeitig tief empfundenen Verbundenheit mit allem Seien-den kombiniert. Die tiefergehenden Impulse müssen aus einem neuen Fühlen und Denken stammen, die einer Erkenntnis der Einheit alles Lebens – einer Mystik der Neuzeit – entspringen. Aber diese spirituellen Einsichten dürfen sich nicht in einer nebulösen Nabelschau ergehen, sondern sollten in konkrete, diesseits-gewandte Bestrebungen umgesetzt werden. Eine solche holistische Ein-sicht in das Sein kann und muss einen Willen zur Erneuerung kreieren. Dieser Wille wiederum kann konkrete Handlungsdevisen hervorbringen, welche auf der persönlichen, aber eben auch auf der gesellschaftlich-ökonomischen Ebene neue Perspektiven eröffnen, um die bestehenden und sich anbahnenden Probleme zu lösen.

In dem vorliegenden Text *Das Pferd, das durch die Sterne galoppierte* verbindet Thomas Goldmann beide Aspekte – Betroffenheit und Hoffnung – in einer zu Herzen gehenden und gleichsam aufrüttelnden Art. Seine Worte gleichen einerseits einem lauten Aufschrei über die Missstände dieser Welt, andererseits spenden sie aber auch Kraft und Inspiration und rücken das Verkehrte wieder zurecht.

Seine ‚Verse' bewegen sich thematisch dabei im Spannungsfeld von Gegensatzpaaren, wie stumpfsinniger Idiotie und durchdringender Weisheit; Enge des Herzens und umfassendem Mitempfinden; Glaube und Atheismus; Oberflächlichem und verborgener Tiefsinnigkeit; Spirituellem und rein Weltlichem; dem Bekenntnis zum Leben und nekrophiler Todessehnsucht.

Zwar schreibt der Autor aus einer vorwiegend buddhistischen Perspektive und unterlegt seine ‚Verse' mit buddhistischen Mantren, deren tiefer Sinn sich nicht ohne Weiteres erschließen lässt; aber dennoch erscheinen seine Worte im Gesamtkontext eher wie ein überkonfessionell-religiöses Wunschgebet und Ausdruck spiritueller, kraftspendender Gewissheit, die sich aus höheren Ebenen unseres Seins speist. Während die ‚Verse' oft auf konkrete und diesseitige Missstände, Wirrungen wie Irrungen der in Maßlosigkeit gefallenen Menschheit aufgreifen, verleihen die Mantren der Hoffnung auf die Gegenwärtigkeit eines Heil- und Ganzseins der Welt Ausdruck. Daraus ergibt sich zugleich ein Wechselspiel zwischen den deutlichen Worten der Sinnsprüche und dem ungreifbaren Nimbus der Mantren, welches als Sinnbild für das sichtbar Konkrete gegenüber dem unsichtbaren Formlosen und Jenseitigen gedeutet werden kann.

Zwar spricht der Text altbekannte ethische Normen und Werte an, die seit jeher und besonders von den großen Weltreligionen thematisiert wurden, aber dennoch ergehen sich die ‚Verse' dabei nicht in stereotypen und schnöden Moralforderungen angesichts der Verderbtheit der Menschheit, sondern sind in ihrer Frische aufrüttelnd und zeugen von kraftvoller Lebendigkeit und authentischem Einfühlungsvermögen. Obwohl entschieden von Tugenden und ethischen Werten die Rede ist, bleibt der Autor doch fern jeglichem missionarischen Eifers.

Er scheut sich jedoch nicht, eine ganze Reihe „heißer Eisen" anzupacken, wie beispielsweise in dem ‚Vers' 26 über fanatische

Selbstmordattentäter, wo es heißt: „Wer ohne Erbarmen mit schwarzem Sinn und steinhartem Herzen sich einen Sprengstoffgürtel umbindet, um Andersgläubige zu vernichten, der spielt sich zum Richter auf und wird schwerlich Gnade vor dem Gott Mohammeds finden!"

Wahre Spiritualität ist kein buchstabentreuer, mörderischer Glaube. Und wahre Gottlosigkeit ist nicht der atheistische Mangel an Glaube; sondern einzig „das gute Herz entscheidet über den Einzug ins Paradies!" (Vers 52)

Und in Anlehnung an die buddhistischen Karma-Gesetzmäßigkeiten, aber auch an die Gebote anderer Religionen wird eine sinnvolle und „erlösende" Vorgehensweise auf einmal ganz simpel: „Wenn Du selbst Vergebung suchst, dann vergebe zuerst mal deinen Feinden!"

Auch das überwiegend ausbeuterische und millionenfach todbringende Verhältnis des Menschen zu den Tieren wird in aller Eindringlichkeit als ‚Hölle unter uns' in Vers 31 auf den Punkt gebracht: „Blicke auf das Leiden der Tiere! Siehe, wie sie gegen die mörderische Zivilisation der egoistischen Menschheit den Kürzeren ziehen…."

Weitere Themen sind die Diskriminierung von Frauen; Verstümmelung von Mädchen durch Beschneidung; der Missbrauch von Kindern; zügelloser Konsumwahn durch den

‚homo consumens'; der Verrat an der Umwelt zwecks Gewinnmaximierung; die Verschandelung und Eintönigkeit unserer Städte; und die Vernich-tung von Sinnhaftigkeit und lebensbejahender Kreativität durch die zersetzenden Mechanismen des überbordenden Medienkonsums.

Jedoch werden diese Missstände nicht nur wie von einem Mahner in der Wüste oder dem Bußprediger Savonarola angeprangert. Auch geht es nicht darum, sich angesichts der drückenden Probleme zu einer neuen Innerlichkeit und eines ‚Privatismus' hinreißen zu lassen. Es geht nicht darum, die Augen noch die Herzen zu verschließen, sondern das Wagnis einzugehen, sein „eingekerktes Herz" (Vers 29) zu öffnen und die Schönheit in allen Geschöpfen zu sehen (Vers 39); denn „Die Liebe kann sogar durch Wände gehen" (Vers 56) und alle künstlichen Grenzen überwinden. Es gilt das „Licht, was unendlich magisch und geheimnisvoll in unsere Seelen schimmerte," (Vers 29) zu erinnern und dem Satanischen zu entwinden; denn es „will, dass wir unsere Herzen verschließen – Lass es nicht zu!" (Vers 37)

Stilistisch finden wir in dem „Pferd, das durch die Sterne galoppierte" eine Vielzahl von Formen: einige Aussagen kommen in ihrer direkten, nüchternen, auf das Essenzielle reduzierten

Art daher wie japanische Haikus; andere sind blumig, ausschweifend und mit einem Hauch von Romantik schon fast pathetisch; wiederum andere „Verse" vermischen verschiedene Stilformen zu einer ungewohnten Poesie und können uns gerade deshalb so unmittelbar ansprechen. Die gewählte Sprachform zielt nicht auf Effekthascherei ab, sondern kommt ohne ziselierte, gedrechselte Formen aus. Sie bleibt frisch und bewegend, weil sie immer dem Inhalt verpflichtet ist und einer Offenherzigkeit und Betroffenheit entspringen.

Einige der Aussagen zeigen eine große Übereinstimmung mit buddhistischen Klassikern der Mahayana-Literatur wie dem *Leben zur Erleuchtung* von dem indischen Meister Shantideva und dem *Rad der scharfen Waffen* von Dharmarakshita. Andererseits haben viele „Verse" wiederum so viel Prägnanz, dass sie selbst – unabhängig von jeder Konfession – zu einprägsamen und prägenden Leitsprüchen für den Leser werden können.

Um nur drei Beispiele zu nennen: „Alle Sünde ist ein Angelhaken, der dir nur Qualen bereitet." (Vers 39) und „der Fremde, den Du hasst, bist du selbst in einer anderen Gestalt!" (Vers 40). Und abschließend (Vers 52 paraphrasierend): „Solange wir an das Gute glauben und anderen helfen, bewegen wir uns auf Gott zu, egal was unser Mund sagt und unser Kopf denkt."

Eine inspirierende wie aufrüttelnde Sammlung an Sinnsprüchen, welche die Kraft besitzen, uns zu dem Wesentlichen zurückzubringen.

Jürgen Manshardt
Berlin, den 5. Mai 2015

Jürgen Manshardt ist Autor, Tibetisch-Dolmetscher sowie Übersetzer und Herausgeber von vorwiegend buddhistischen Büchern und Texten. Zudem arbeitet er als Seminarleiter, Gestalttherapeut, Privatdozent, Meditationslehrer und wissenschaftlicher Fachberater. Die letzten Jahre leitete er darüber hinaus ein Child Care-Projekt in Indien.